Pato, pato, ganso

Wiley Blevins

ilustrado por Elliot Kreloff

mhreadingwonders.com

Copyright © Red Chair Press LLC.

Used with permission. All rights reserved.

No part of this publication may be reproduced or distributed in any form or by any means, or stored in a database or retrieval system, without the prior written consent of McGraw-Hill Education, including, but not limited to, network storage or transmission, or broadcast for distance learning.

Send all inquiries to:
McGraw-Hill Education
Two Penn Plaza
New York NY 10121

ISBN: 978-0-07-901374-3
MHID: 0-07-901374-0

Printed in China

2 3 4 5 6 DSS 26 25 24 23 22

Mimí sube de un salto al autobús.
¿Adónde va? Va a la granja.
¿Qué va a ver allí?
Averigüemos.

Cordero.
¡Apúrate, cordero!
O llegarás tarde.

Mimí piensa en la fila de los animales. "Parece que allí les dan algo muy bueno", le dice a su amiga.

Mimí brinca hacia el estanque.
Allí se encuentra con amigos emplumados.

Ganso.
¡Ay, no! El ganso se escapó.

"Voy a atraparlo", grita Mimí.

"¿Hablan de mí?", pregunta Mimí.

Mimí se ríe de los animales que saltan en el barro.
Cochino. Cochino. Rana. Rana. Rana.

"¿Qué animal saltará ahora?" se pregunta Mimí.
Cochino. Cochino. Rana. Rana. Rana.
Cochino. Cochino…

¿Cabra?
¿Cómo apareció esto aquí?

La cabra se sacude y salpica barro por todos lados.
"¡Yo me voy de aquí!", grita Mimí.

Mimí sonríe. "Ha sido un día muy divertido en la granja. Pero llegó la hora de regresar a casa."

Mimí va al autobús y sube de un salto para estar con sus amigos.

Las ruedas del autobús suben y bajan,
ruedan y ruedan,

suben y bajan, ruedan y ruedan.
Y así es que Mimí…

**cierra los ojos
y se pone a dormir.**